# SONETOS A DESTIEMPO
# Y CANTARES AL USO

ExLibric

MILAGROS JIMÉNEZ HIDALGO

# SONETOS A DESTIEMPO
# Y CANTARES AL USO

EXLIBRIC

ANTEQUERA 2020

**SONETOS A DESTIEMPO Y CANTARES AL USO**
© Milagros Jiménez Hidalgo
© de la presentación: Juan Manuel Verdugo Arrebola
© de la imagen de cubiertas: Goloviarte
Diseño de portada: Dpto. de Diseño Gráfico Exlibric

Iª edición


© ExLibric, 2020.


Editado por: ExLibric
c/ Cueva de Viera, 2, Local 3
Centro Negocios CADI
29200 Antequera (Málaga)
Teléfono: 952 70 60 04
Fax: 952 84 55 03
Correo electrónico: exlibric@exlibric.com
Internet: www.exlibric.com



ISBN: 978-84-18230-64-6
Depósito Legal: MA-742-2020


Nota de la editorial: ExLibric pertenece a Innovación y Cualificación S. L.

MILAGROS JIMÉNEZ HIDALGO

# SONETOS A DESTIEMPO
# Y CANTARES AL USO

# Dedicatoria

*A José, mi compañero de vida.*

*«El poeta trae de lejos la palabra. Al poeta lo lleva lejos la palabra».*
Marina Tsvetáyeva (1892-1941)

# PRESENTACIÓN

Dice una copla de J. L. Ortiz Nuevo: «Por mucho que digan que cambian, / no cambian tanto los tiempos, / que fatigas y desgracias / en el mundo sigue habiendo». Aunque se pueda pensar, con razón, que es una visión pesimista de la existencia, también es cierto que, en el mundo de las experiencias vitales, la doctrina del griego Parménides de que todo permanece inmutable tiene vigencia todavía. Aplicada al ámbito de los sentimientos, sean estos como sean, positivos o negativos, han permanecido casi sin cambio a lo largo de los siglos desde que de ellos se tiene constancia escrita. Porque se renuevan cada vez que alguien se enamora y se queda prendido y prendado de unos ojos, cada vez que alguien se duele del dolor propio y del ajeno, cada vez que alguien siente una emoción o un escalofrío y descubre que vivir es, más que nada, sentir.

Sucede que el poeta es un especialista en captar esos sentires y, luego, es capaz de engarzarlos, como si fueran perlas, en joyas valiosas, en versos, en poemas, en libros. Nace con esta capacidad, es verdad, pero la trabaja con esfuerzo hasta conseguir que no se note la técnica, como no se notan en un traje los pespuntes. El poeta está siempre atento a la realidad, a las señales que le ofrece su entorno, y se llena de sensaciones, se inunda de sentimientos y, en un trance muy especial y casi inevitable, construye un objeto artístico hecho de palabras, el poema, y se erige en centro del universo, en un servidor de Apolo en su Delfos particular. Comprenderlo y entenderlo no es fácil ni está al alcance de todos. La poesía culta ha sido siempre un jardín cerrado, exigente y elitista. Luego, ironías del arte, cuando traspasa los muros de la intimidad, inunda las calles y revive en boca de la gente, se hace popular e inspira de nuevo a los poetas. El círculo creador se ha cerrado felizmente.

Milagros Jiménez Hidalgo (Luque, Córdoba), antequerana de adopción, es un ejemplo de lo expuesto anteriormente: posee una sólida formación académica y literaria (licenciada en Filología Románica por la Universidad de Granada) y una larga experiencia docente en Educación Secundaria. Conoce, por tanto, a los autores clásicos y modernos y los recursos técnicos y literarios que sustentan sus creaciones. Ha promovido y dirigido la revista *Licántropo*, en la que ha publicado artículos y poemas, ha formado parte del volumen colectivo *Cartas ejemplares* (2009) y en 2013 vio la luz su primer libro de poemas y relatos, *Luque: reflejos del ayer*, que tuvo una magnífica recepción. Ha publicado también, en 2018, el poemario *Sendas de luz y de sombra*, pero, además, ha calado en la médula de la copla andaluza y, desde su blog *Entretenerse por el camino*, ha ido dejándonos, como el que no quiere, sus sonetos y sus romances y, en ellos, sus sensaciones de los acontecimientos que le han dejado huella en su vida y en su modo de ver y concebir el mundo.

Los dos pilares métricos básicos que sustentan la obra que hoy nos presenta, como ya nos indica su título, *Sonetos a destiempo y cantares al uso* (Antequera, 2020), son los mismos que han dado y dan gloria a nuestras letras: el soneto (y el endecasílabo) y el romance (y el octosílabo). El poemario está compuesto de más de treinta sonetos y más de veinte romances y coplas de temática muy variada.

El soneto es un poema estrófico que está formado por catorce versos endecasílabos, que riman en consonante y que se organizan en cuatro estrofas: dos cuartetos iniciales y dos tercetos finales. A veces, cosa rara, se añade un estrambote de uno o más tercetos. La estructura clásica y más repetida es: ABBA ABBA CDC DCD, aunque sometida a múltiples variaciones a lo largo de su historia. Puede decirse que este poema estrófico y el verso endecasílabo en el que se apoya son una constante en nuestra literatura a partir del siglo XVI (Renacimiento) y su nombre está asociado para siempre a nombres y lugares inolvidables: Juan Boscán, Garcilaso de la Vega y… los bellos jardines de la Alhambra de Granada. En ellos, en 1526, el embajador veneciano Andreas Navaggiero recomendó encarecidamente su uso a Juan Boscán. Del resto se encargó Garcilaso de la Vega. Nacía así un estilo nuevo, importado de Italia (Dante, Petrarca), que disiparía definitivamente las sombras del medievo porque, aunque se conocía en Castilla antes de esta fecha, su adaptación dejaba mucho que desear.

A partir de esta fecha tan señalada en la historia de nuestra literatura, el éxito de este poema fue fulminante y no hay movimiento literario ni autor conocido (salvo Gustavo Adolfo Bécquer y Rosalía de Castro) que no hayan usado el soneto. Decía Gerardo Diego que es «la forma más evangélica del continuo mensaje o envío de la poesía; la mayor garantía contra la injuria del tiempo y la corrupción de la lengua».

Prueba de esa vigencia y vitalidad de este poema es el magistral uso que en este poemario hace de él Milagros Jiménez. Por eso le rinde homenaje ya en el poema que abre el libro, *Soneto a destiempo*, como hiciera Lope de Vega en su conocido *Soneto de repente* (comedia *La niña de plata*): «Un soneto me manda hacer Violante…». Su tema es la metapoesía, es decir, la poesía que habla de poesía. Pero si el de Lope es un puro juego cortesano de ingenio desprovisto de sentimientos, el *Soneto a destiempo* de Milagros Jiménez está sujeto al hondo sentir del yo poético, que se siente apresado a contracorriente, a destiempo, a esta forma literaria frente al versolibrismo representado en una amapola o una gaviota.

Los sonetos nos presentan un amplio abanico de temas, como la amistad, la loa y homenaje a poetas o personajes relevantes (Garcilaso, Rubén Darío, Clara Campoamor) o a lugares (Tajo del Algarrobo, Peña de los Enamorados) y hechos que, de algún modo, han marcado el pasado y presente de la autora: la muerte de seres queridos o de ciudadanos inocentes. Y, por encima de todos, dedica un tercio de los mismos al tema amoroso en sus múltiples vertientes, que van del amor al desamor y hasta el olvido.

La trayectoria poética que puede trazarse de la temática amorosa arranca con la búsqueda del amor, que ha de ser siempre un motivo de gozo porque se encuentra, como el mar, en un corazón y un alma jubilosos. Como una semilla, el amor va creciendo pudoroso, lentamente, hasta llegar a conquistar un corazón confiado, una razón enloquecida y todo el cuerpo. Sin el amor todo es «sombría soledad calamitosa». Y hay que gozarlo mientras se es joven y vivir la vida a tope, vivir a cien, antes de que el ardor juvenil se apague y se torne frío invernal en la vejez y todo se vuelva ruina como una casa abandonada, «sin oír risas ni llantos ni olientes rosas». Y si llega el dolor del desengaño, el recuerdo de un beso en una tarde hermosa debe aliviar el tenebroso momento. De nada sirve esconderse o huir del amor ni ponerle muros ni quedarse varado en mares de melancolía. Los reflejos y recuerdos de un ayer esplendoroso iluminarán el sombrío panorama presente. Hay que dar batalla al tiempo y al olvido, no sucumbir, si no queremos beber «el agrio licor de la pasión perdida». Es el recuerdo y la belleza de lo que un día fue gozoso, aunque breve, lo que nos salvará de la oscura soledad. Y el día, en su mañana, será luminoso otra vez, pleno de emociones y esperanzas: llenar de bondad la tierra, encender la paz y apagar la guerra, llegar a una arcadia feliz, a una nueva edad de oro donde no existan el mal ni la pobreza.

Ese nuevo amor filantrópico nos traerá una nueva primavera que bañará de fuego, luna, luz y brío nuestra vida porque con el corazón adormecido ha resurgido una nueva fe en el hombre.

Puede afirmarse que esa trayectoria poética que recorre todo el poemario va de lo particular a lo social, de lo íntimo al compromiso por mejorar el mundo, del sentimiento propio al ajeno. Se ha llegado a la sublimación del amor pasional, traspasando las barreras del yo para llegar a un nosotros solidario y comprometido, que da nuevos bríos y paz interior al yo poético.

El manejo del verso endecasílabo en sus diversas variantes es magistral. Solo hay un soneto en versos dodecasílabos (*El beso que no te di*) y la estructura estrófica es, mayoritariamente, la clásica: ABBA ABBA CDC DCD. En algunas ocasiones se emplea la variante ABBA ABBA CDE CDE (*Del desencanto* o *Reflejos*). En cuanto al desarrollo conceptual y del contenido de los sonetos, suele seguir también a los autores clásicos de nuestro Siglo de

Oro: en los cuartetos se nos plantea el asunto, se nos describen unos elementos externos o se nos acota el tema temporalmente. Luego, en los tercetos, se nos aclara el enigma, se disipan las dudas o se resuelven las prótasis condicionales planteadas. Estos juegos conceptuales, muy del gusto del Barroco, producen en el lector una satisfacción estética, una sensación de bienestar al verse satisfecho el deseo de cerrar con una afirmación rotunda y brillante un pensamiento que se hallaba suspendido e inacabado. «Si te arrastra el torrente del olvido, / si la llama del tiempo acontecido… / se escarchará la lágrima vertida, / se dormirá al punto mi lamento…».

Los recursos literarios que más se emplean son la metáfora pura, el símil, las repeticiones (anáforas y aliteraciones) y paralelismos, las contraposiciones y contrastes y los hipérbatos.

La segunda parte del poemario, los *Cantares al uso*, lo forman más de veinte romances y coplas. Se emplea en ellos casi siempre el verso octosílabo. La rima es la propia de estas composiciones, es decir, *abcb*, en asonante, dispuestas en series indefinidas de versos o en cuartetas asonantadas.

Como decía Manuel Machado en su conocido poema *La copla* (libro *Cante hondo*): «Hasta que el pueblo las canta, / las coplas, coplas no son, / y cuando las canta el pueblo / ya nadie sabe el autor». Quiere decir que el origen de estas composiciones es culto, las crea un autor conocido. Luego se las apropia el pueblo y se hacen anónimas y populares, retroalimentando de nuevo la inspiración de los poetas cultos. Es como un viaje de ida y vuelta. Tanto en los romances como en las coplas, la autora quiere rendir un homenaje a los creadores de la copla andaluza nacida en los años veinte y que floreció en los años cuarenta con autores tan conocidos como Antonio Quintero,

Rafael de León, Manuel Quiroga y otros muchos. Son las coplas flamencas que han llegado hasta nuestros días en las voces de conocidas intérpretes y que encierran, muchas de ellas, una gran riqueza literaria.

Estas composiciones, los «romances populares», hunden sus raíces en los cantares de gesta y en la tradición oral. Las primeras manifestaciones escritas aparecen en el siglo XV (*Romances noticiosos*) y han sido desde entonces, como el soneto, una constante en la historia de nuestra literatura. Los autores del Siglo de Oro (Lope, Góngora, Quevedo, etc.) les dieron el espaldarazo definitivo e incluso las enriquecieron en su forma, añadiéndoles estribillos o creando el romance endecha (siete sílabas), el romancillo (menos de siete sílabas) o el romance heroico (once sílabas). No hay tampoco época ni movimiento literario que no las haya empleado, aunque en el Romanticismo y, sobre todo, en la generación del 27 destacaron por su rápida adaptación a la naciente literatura de vanguardia. El conocido *Romance sonámbulo* («Verde que te quiero verde...») se oyó en la Residencia de Estudiantes «y su verde viento nos tocó a todos, dejándonos su eco en los oídos», nos cuenta Rafael Alberti. Y Pedro Salinas añade: «Los españoles del 98 y sus hijos no se deshacen del romance como si fuera una obra muerta (...). Al contrario, el romance se brinda atrayente y misterioso al poeta que lo mira desde la ribera, diciéndole que hay un modo de cantar, una canción que solo se revela "a quien conmigo va"». Y sigue todavía muy vivo para poder vaciar en sus moldes los sentimientos más íntimos y narrar la más rabiosa actualidad.

El tema que más destaca en estos romances o coplas (*Cantares al uso*) es el característico de estas composiciones: desatadas pasiones donde el sentimiento amoroso se ve truncado por las convenciones y normas sociales y, por otro lado, la exaltación de la mujer, ya sea gitana andaluza, dotada de una belleza y un arte inigualables, o de otros lugares y razas. Pero si en la copla andaluza casi siempre es el amante el que impone su ley por la fuerza o el dinero (*er mardito parné*), con actitudes que hoy calificaríamos sin dudar de machistas, en las composiciones que aquí nos ofrece Milagros Jiménez la mujer reivindica su libertad para amar y el poderío y orgullo de ser mujer o, como se dice hoy, se empodera. No es una víctima callada y sufrida ni una *femme fatale* que usa su cuerpo para atrapar al incauto que cae en sus redes, sino una decidida defensora de sus derechos, que se burla del don Juan o del chulo de turno. Son mujeres con duende, valerosas y atractivas, honradas —como Angustias la Mejorana, María la Canastera, Candela la Bailaora o la soñadora niña morena—, pero también mujeres como Lorena Bobbit, que no duda en tomarse la justicia por su mano y castrar a su marido maltratador.

No faltan otros temas como el del torero valiente y juncal, como una estampa llena de colorido y movimiento; ni los temas líricos donde, en un idílico paisaje de cipreses y cedros, se recuerda, como en sueños machadianos, un amor en primavera que unirá para siempre a los amantes; o, entre olivares, un yo doliente nos cuenta sus ilusiones; o el grito desgarrador de quien se siente abandonada y pide que se le entierre en la sima que cavó el orgullo; suspiros de amores que resisten el paso del tiempo y que hace que «se derramen los centros» y que todo el cuerpo (ojos, boca, manos, oídos) se estremezca.

El tratamiento de los temas líricos es siempre culto e incluso se rinde homenaje a una ninfa enamorada. En otras ocasiones el humor y la fina ironía se utilizan como argumentario de un hecho: la dificultad de encontrar inspiración en un mundo lleno de desgracias (*Rigoberto y mi estro*).

El manejo del verso y de los recursos literarios hace que la lectura se amenice. El ritmo que se consigue con una versificación fluida se ve reforzado por los abundantes y variados recursos de repetición. Las metáforas, otro recurso muy utilizado, sean de origen culto o popular, en ningún momento entorpecen la comprensión; muy al contrario, la hacen más cercana.

En resumen: en estos *Sonetos a destiempo y cantares al uso* Milagros Jiménez rinde un brillante homenaje a nuestra mejor literatura de origen culto y de tradición popular tanto en los temas como en las formas y les da vida, llenándolos de actualidad. Como dice Luis García Montero (*Habitaciones separadas*):

*A través de los siglos,*
*saltando por encima de todas las catástrofes,*
*por encima de títulos y fechas,*
*las palabras retornan al mundo de los vivos,*
*preguntan por su casa.*
*Ya sé que no es eterna la poesía,*
*pero sabe cambiar junto a nosotros,*
*aparecer vestida con vaqueros,*
*apoyarse en el hombre que se inventa un amor*
*y que sufre de amor*
*cuando está solo.*

Juan M. Verdugo Arrebola
Málaga, enero de 2018

# SONETOS

# 1. SONETO A DESTIEMPO

«…contad si son catorce y está hecho».

(Lope de Vega)

Crece la amapola en el campo abierto,
suelta, a su aire, tapizando el suelo
de bocas ardientes de rojo anhelo.
Crece libremente en el campo abierto.

Vuela armoniosa, en feliz concierto,
la blanca gaviota en inquieto vuelo
y a su albedrío surca por el cielo.
Vuela libremente en feliz concierto.

Mas mi verso nace a ti encadenado,
de normas su hábitat pone en aprieto,
de moda y siglos vive liberado

y al hondo sentir unido y sujeto,
a destiempo ya del uso mundano,
late por ti apresado, ¡oh, soneto!

# 2. Si me buscas

Búscame en la espuma nívea y pura
de una ola encrespada y danzarina,
en la cresta altanera y diamantina
que acaricia la arisca roca dura.

Búscame con audacia y con tersura
de sueños en la arena querubina
y en la leve ilusión aguamarina
de un paisaje ornado de hermosura.

Si me quieres hallar, búscame presto,
no recorras lugares procelosos.
Búscame con afán y con arresto.

No lo hagas en pantanos cenagosos,
hazlo sí en el más sublime gesto
de un corazón y un alma jubilosos.

# 3. IBA EL AMOR

Iba el amor brotando lentamente,
cual semilla temprana y pudorosa
que arraiga, insondable y poderosa,
en las fibras de un alma floreciente.

Iba el amor brotando lentamente
entre la luz del alba luminosa.
Entre la sombra de la noche ociosa
iba el amor tejiendo su patente.

¡Oh, dulce amor de miel todo enlucido;
oh, agrio amor con hiel en acre seno,
conquistaste, sereno y decidido,

un corazón de confianza pleno,
una razón de anhelo enloquecido
y un cuerpo donde tú reinas sin freno!

# 4. NOSTALGIA

En esta noche tenebrosa y fría
mi dulce voz se ahoga en un suspiro
al evocar el instante sin respiro
en que tu boca besó la boca mía.

Si tu boca besó la boca mía
aquella tarde de recuerdo grato,
hoy me encuentro vagando rato a rato
en el beso que tu alma me ofrecía.

Oye, amor, la voz de mi lamento
y acude a mi llamada silenciosa.
¡Es tan grande el dolor y el sufrimiento

que sin ti esta senda esplendorosa
vuelta está en oscuro sentimiento
y en sombría soledad calamitosa!

# 5. DEL DESENCANTO

Sé que tú me crees abandonada,
a mi suerte entregada y quejumbrosa,
y que mi alma sencilla y candorosa
sufre, pena y se hunde en la hondonada;

y que sin ti la noche en escapada
el albor de mi vida esplendorosa
lo envuelve, oculta y cubre presurosa,
abriendo a mis pies un mar de nada.

Desconfía de la fuerza de tu encanto,
duda bien de mi espíritu apacible.
Nada es como nos lo imaginamos.

Ni eres tú el blanco cisne de mi canto,
ni soy yo esa mujer tan bonancible,
ni los dos somos lo que deseamos.

# 6. VIVE A TOPE

(Variante del *Soneto XXIII* de Garcilaso de la Vega).

En tanto que tu piel tersa y dorada
recubra de tu pecho la hermosura
y tu cuerpo sea para tu hechura
dórica columna idolatrada.

Y en tanto que la noche amilanada
del cabello persiga la negrura
y tus pícaros ojos con ternura
atraigan hacia sí esta mirada,

aprovecha, chiquillo, este momento,
vive a tope, a cien, tu breve espacio
antes de que tu ilustre monumento

no pueda ya mover su basamento
y en trípode camine muy despacio
a donar a la tierra el desaliento.

# 7. Despedida a Antonio Muñoz Ruiz-Canela

«Se despidieron y en el adiós
ya estaba la bienvenida».
(M. Benedetti)

Adiós, amigo y caro compañero.
Vas a partir a tierra no lejana
y dejarás vacío en la mañana
y sin tu luz este rincón postrero.

No se verá llegar por el sendero
tu tenue sombra, de tantos muy amada,
ni sonará tu voz acompasada
al ritmo fiel de un corazón sincero.

Quedan aquí los que hasta ayer gozamos
de tu amistad y de tu grácil verso.
Que aún no te has ido y ya añorando estamos

el aura pura de tu ancho universo.
¡No sea distancia, Antonio, suplicamos,
flagelo vil de este lazo almo y terso!

# 8. GARCILASO EN UN SONETO

Garcilaso de la Vega, el famoso
toledano, ejemplo de cortesano,
de espada y pluma a la par en mano,
de amor frustrado y malogrado esposo,

doloridos Salicio y Nemoroso,
de Elisa y Galatea muy lejano,
profesando a Isabel cariño vano
hasta el triste final tan desastroso.

Gran guerrero y poeta sin igual,
que adaptó con Boscán el culto verso,
creador de la estrofa magistral,

que San Juan y Fray Luis con cantar terso
en su obra excelsa y espiritual
expandieron por todo el universo.

# 9. Al Tajo del Algarrobo

Coloso pedregal de la Subbética,
escudo al viento, que ruge harto airado,
noble blasón de lirios coronado
en un recio solar de tierra ibérica.

Zeus tonante de atroz roca granítica,
padre y padrastro al pueblo consagrado,
que intimida y protege encelado
lugar y gente de alma megalítica.

Y tú, sin ser del Algarrobo Tajo,
bruñida joya en gemas engastada,
sin ser Moisés tallado con trabajo,

Dios te creó con gracia inmaculada
y de los cielos tu gran mole extrajo
para cubrir de Luque su cañada.

# 10. A la Peña de los Enamorados

Te yergues echada en grave reposo
sobre solar de viejas tradiciones
y colmas de cultura los blasones,
de arte y de diseño virtuoso.

Es tu perfil severo, vigoroso,
el de un piel roja de regias facciones
que protege la Vega y sus rincones
con nervio, con tesón, cual fiel esposo.

¡Oh, Peña, se esconde en ti un gran dolor
que emana de una noche de locura
en que muerte fatal movió el amor

e inundas de misterio y de aventura,
de belleza, de honra y pundonor
la ínclita Antequera, noble y pura!

# 11. Elegía en el recuerdo

«En la roca se quedaron una tarde negra y fría
de un diciembre malhadado».

Irrumpe el ocaso agudo y sangriento,
eriza cruel sus uñas afiladas.
Rasgando el sur con guadañas aladas,
deja sin voz el aire y sin aliento.

Un cuervo cesa el rojo movimiento
en la veleta de aspas desgarradas,
derramando pesar por las moradas
de un pueblo gris que exhala su lamento.

Que fue la Parca inclemente y fiera;
con aleves tijeras tan temidas,
cual pedrisco que arrasa sementera,

segó inflexible afanosas vidas
y de llanto sembró la yerma era,
la campiña y la sierra doloridas.

## 12. Reflejos

Pasó el ayer con alas agitadas,
sobrevoló las huellas del camino,
garras mostró como el feroz felino
que persigue veloz presas ansiadas.

Pasó el ayer con rosas perfumadas,
que deshojó sellando su destino
sin que su olor borrara el desatino
de almas tiernas atrozmente marcadas.

Atrás quedó aquel ayer perdido,
cuando con fe brotaban bellas flores
en un jardín ameno y no temido.

Solo el reflejo del bien acaecido,
luz fugaz de sueños abrasadores,
ilumina el presente ensombrecido.

# 13. PROFANACIÓN

Puertas cerró con ademán seguro,
marcos blindó con acerado anclaje,
de rudo hierro cubrió todo el ropaje,
con doble llave de filo acre y duro.

No hubo lugar más sacro y más puro
que al corazón sirviera de hospedaje,
a resguardo de un pirata abordaje
y al amparo de un potente y ancho muro.

Allí habitó, reliquia venerada,
en dulce paz, sin agrio adversario,
bajo el manto guardián de su morada.

Mas vino Amor, ardiente y temerario,
a abatir la muralla levantada
y profanó con fiereza el santuario.

# 14. VANA ILUSIÓN

Quiso encontrarla en la arista oxidada
de un ayer sepultado en el olvido,
de un pasado a conciencia escondido
en tierra tormentosa y agitada.

Quiso encontrarla en la hoja confiada
del jazmín nacarado y florecido,
con semillas de Eros engrandecido
y fibras de ilusión desmesurada.

Pero el fluir del tiempo enfurecido
mudó el ardor de la temprana era
en la frialdad del invierno advenido.

Se ajó el jazmín en la glacial espera
y del ayer amante y encendido
el presente solo es ya una quimera.

# 15. A CLARA CAMPOAMOR

(Soneto en un acróstico).

«Clara te fue el nombre dado
y de fuerza y convicciones
tu espíritu aderezaron».

Creciste de desaire rodeada,
Lacerada por ser mujer nacida,
Amarrada y sumisa de por vida,
Rea del sexo, cautiva y machacada.

Antes de ti, señoras de la nada,
Consortes solo sin la voz ungida,
A cuestas con la España empobrecida,
Muerta, hundida, roída y estancada.

Pero tu voz se revistió de acero;
Omiso caso a grito masculino,
Alumbraste del sufragio el yesquero.

Mostrando de la lucha el camino,
Ondeando la bandera con esmero,
Rugió el voto señero y femenino.

## 16. LA CASA

Allá en la distancia, entre la maleza,
tras firmes palmeras de hoja afilada,
cual centinelas de su alma cansada,
se hallaba la casa, envuelta en nobleza.

Muros vencidos de añeja entereza,
su faz soñolienta, teñida y ajada,
su portada regia de reja oxidada,
ungían su aura de frágil grandeza.

Y desde el hogar de historias gozosas
de la vida el humo ya no emergía
ni risas ni llantos ni olientes rosas.

Quedaba la casa oculta y vacía,
guardando en las grietas de olas brumosas
el misterio agrio de la edad tardía.

# 17. BESOS ROBADOS

Hacia el brocal de tu boca jugosa
corrió mi labio en salvaje embestida
para beber la savia suspendida
en su corola fogosa y amorosa.

Y al contemplar tu cara candorosa
al contraluz de la estancia dormida,
frené el deseo de mi loca estampida
y al instante domé mi sed ansiosa.

Pero el volcán de mi pasión ardiente
se desbordó en ríos de osadía
y mi labio voló muy diligente

hasta tu boca de dulce ambrosía.
Y allí atrapé como llama candente
besos de abril de roja malvasía.

## 18. *IN MEMORIAM*

(En recuerdo de las víctimas del 11M con motivo del décimo aniversario de los atentados. A unos les arrancaron la vida. A otros, la verdad y la justicia).


Abre los ojos de muerte y de plata,
en ancho mar de agua cenicienta,
la aurora, colérica y sangrienta,
entre raíles y brechas de hojalata.

Fauces de fuego en suelta cabalgata
cruzan Madrid en forma de osamenta.
Con punzante tridente de herramienta,
vidas queman en negra escalinata.

Desmesura quebró toda esperanza
un jueves gris de un marzo turbio y frío,
mudando inicuas verdades en chanza.

¡Que la justicia de espada y vacío,
hambrienta de horizontes de venganza,
Némesis traiga con rigor impío!

# 19. Al Cristo de la Expiración y del Silencio de Luque

(Para Miguel Ángel Jurado, un amigo inolvidable).

Del tambor su son el ritmo callado,
del ronco timbal mudos los sonidos,
del viento airado cesan los aullidos
y amaina el llanto del niño aterrado.

Cierra la farola su ojo dorado,
los astros del cielo están ya dormidos
y la alta puerta de goznes bruñidos
despierta y se abre al Crucificado.

¡Silencio en la calle! El Amor camina.
¡Silencio en el aire! El dolor lo embarga.
¡Silencio en la noche y en su faz divina!

Que el Hijo de Dios, en su hora amarga,
expira silente en cruenta colina
para redimirnos de eterna carga.

# 20. Déjame esta voz

Déjame esta voz rota y callada
para cantar al mundo mis desvelos
con sones mates, verdes los anhelos
de vida justa con ímpetu ansiada.

Déjame esta voz suave y desgarrada,
manto de amor y roncos desconsuelos,
que al viento lance en confiados vuelos
himnos de unión, de paz una balada.

Porque esta voz es único tesoro,
arma de bien sin filos ni vileza,
que libre y clara pide con decoro,

que clara y libre exige sin tibieza
de equidad proba nueva edad de oro
para extirpar del mundo la pobreza.

# 21. EL BESO QUE NO TE DI

(Soneto en dodecasílabos).

Mi boca jugosa conjugaba un beso
de azahar tejido y de sentimiento,
que anidaba tímido, con latido lento,
en la piel tatuada de albo embeleso.

Insomne se hallaba, buscando el acceso
a la boca amante de amor avariento.
Aguardaba ansioso libarla, sediento,
por el cauce grana del labio confeso.

Llegaba la noche umbría y callada,
pasaban serenos los azules días.
Prendido en la boca en ardor bañada,

el beso seguía en secas bahías,
varado en la arena dolida y ajada.
Naufragó en mares de melancolías.

# 22. NAUFRAGIO

Llévate del desamor el navío
por lagos de sospechas temerosas,
por lagunas de lágrimas lodosas,
por estanques de loco desvarío.

Llévate del desengaño umbrío
la barca desairada de las rosas
por hoscos ríos de aguas tormentosas,
por arroyos de dolor y de hastío.

Déjame la paz y sosiego ledos,
de mis sentires el sino halagüeño,
arrebatados con falaces credos,

un ocaso radiante y abrileño,
porque quiero bogar con brazos quedos
en la dúctil traviesa del ensueño.

# 23. LLEGÓ LA MUERTE

(En memoria de Curro Ontiveros, que se nos fue en un suspiro y a deshora una madrugada fiera y esquiva de febrero, sumiendo a todos los que lo conocimos y quisimos en una ciénaga de dolor. Antequera, febrero de 2015).

Llegó la muerte, traicionera y fría,
cerró con saña sus alegres ojos,
selló brutal con gélidos cerrojos
aquella boca que antes sonreía.

Aprisionó en jaulas de atonía
lozanos brazos de entrega a manojos
y abrió un manto de pálidos abrojos
y hundió en la noche agujas de agonía.

¡Oh, muerte, precoz y usurpadora,
que dejas el hogar desguarnecido
de amor, de luz, de fuerza embriagadora

y siembras con tu gesto desabrido
hondo aguijón de pena abrasadora,
en llanto sin consuelo consumido!

# 24. CAYÓ LA NOCHE

Cayó la noche y en su silencio hueco
se desplomó sobre la tarde cálida
de un estío de luna fría y pálida.
Cayó la noche con bruno embeleco.

Arisca y terca, atrapó el sordo eco
del deseo quiescente en la crisálida
y el tierno amor huyó con faz escuálida
por los lares de un río turbio y seco.

¡Noche fatal, con saña y sin clemencia
oscureces la estancia del camino
a lomos de la más negra inconsciencia

y te ensañas con loco desatino,
abriendo entre los dos sin indulgencia
la brecha hostil que ciega su destino!

# 25. DESDE LA SOLEDAD

«Sí. Porque en el fondo
estamos infinitamente solos».
(Rainer María Rilke)

Como acre hoja de frígido hierro,
vacuo el instante su carne roía,
el dulce solaz de fe se perdía
en el laberinto aislado del cerro.

Y en las cloacas del impar destierro,
ermitaña el alma a solas se hundía;
luces sin color, sones de atonía
sembraron hedores de áspero encierro.

Por fecundos valles de fantasía
ansiosa iba en pos de su identidad.
Perdida en nubes de melancolía,

sin guía ni faros halló la beldad.
Allí encontró, en fiel compañía,
la raíz dorada de la soledad.

## 26. TRISTES ADIOSES

> «Todos ustedes parecen felices
> y sonríen a veces cuando hablan...».
> (Ángel González)

Tristes adioses, que impunes voláis
por las inciertas raíces del destino,
siguiendo a rajatabla su camino,
muros de sangre sin pudor alzáis.

Como aves de paso deambuláis,
ligeras, juguetonas y sin tino,
surcando vais el cielo vespertino
y de añoranza un manto desplegáis.

¡Tened piedad en vuestra rauda huida,
sentid penar por vuestra diligencia,
buscad remedio y sanad la herida!

¡No partáis en dichosa complacencia,
dejando el alma vacía y abatida
en lunas de dolor por tanta ausencia!

# 27. UNA NOCHE DE OLVIDOS

Yo te daré una noche de olvidos
en nubes de suspiros engarzada,
de lamentos bajo palio arropada,
de sollozos delirantes, contenidos.

Y te daré recuerdos desabridos,
emboscados en la ardiente almohada,
aquella que enlazó nuestra mirada
primaveras y otoños encendidos.

Y beberás en esa sombra vana
el agrio licor de la pasión perdida
en crueles selvas de engaño y desgana.

Y sentirás la pena encallecida
vagar insomne por la ausencia insana
de quien te amó con ansia enloquecida.

# 28. DULCE MAÑANA

Danzaban por el mar las ilusiones
y en crestas espumosas se mecían
de olas que en la arena adormecían,
aromando el espacio de emociones.

Pintaba el sol los cálidos rincones,
crisol de luz, reflejos se esparcían
y en pleamar las almas se sentían,
coronando de azul los corazones.

¡Dulce mañana, surges con pujanza
y embrujas, radiante y bailarina,
con fruto seductor la destemplanza

y, en tu pureza áurea y cristalina,
cantas silente un himno de esperanza,
de plenitud serena y diamantina!

# 29. ANHELO

Su boca hendida de amargor obsceno
ávida se halla de alegría vana
y ríe y ríe con honda desgana
por cataratas de hastío sin freno.

Su mirada turbia, como ocre cieno,
busca claridad y abre la ventana
y mira y mira con codicia insana,
mas huye la luz por un mundo ajeno.

Quisiera regar de bondad la tierra,
de sabio juicio sembrarla al instante,
encender la paz, apagar la guerra.

Quisiera borrar de forma apremiante
la ira del hombre y a ello se aferra,
mas cruel la maldad camina arrogante.

# 30. Apagaré la luz para siempre

Si te arrastra el torrente del olvido
hacia ríos extraños, engañosos,
y el desvelo de días tormentosos
no lo asfixia este juego enloquecido;

si la llama del tiempo acontecido
del corazón sus hilos vaporosos
no los prende con bríos vigorosos
al albur del recuerdo enardecido,

se escarchará la lágrima vertida,
se dormirá al punto mi lamento,
se esfumará nuestra pasión vivida,

se marchará feliz el sufrimiento,
se secará la fuente complacida,
se apagará la luz en un momento.

# 31. AZUL

(En homenaje a Rubén Darío, padre del Modernismo).

«Ni los cisnes unánimes en los lagos de azur».
(R. Darío)

Manso sosiego en un día azulino,
errante Ulises por venas confiadas
al recorrer campiñas irradiadas
con placidez de garzo pergamino.

Alegre el sol persigue mi camino,
cruzando un mar de nubes desgajadas,
e inocula en índigas explanadas
un bienestar sereno y cristalino.

¡Quietud azul de bella melodía
del canto zarco de un feliz jilguero,
ondas de azur de jugosa ambrosía!

¡Celeste paz sobre el añil cimero,
nítida aura de marina armonía
en el regazo de un marzo lisonjero!

# 32. RECUERDOS

Lo que yo sé es que hoy vaga mi memoria
por dulces lagos de agua cristalina,
vida que fue serena y cantarina,
llena de fe en humana trayectoria.

Lo que yo sé del ser y de mi historia,
vívido río de aura matutina,
me alienta el alma de esencia coralina
y la transporta a trote de victoria.

Recuerdos son de hechos deleitables,
blanco camino de exiguo recorrido,
instantes son de amor inolvidables,

momentos son que ya se han consumido
en la inquietud de horas imparables,
dejando el corazón adormecido.

# 33. NOCHE DE LUNA

Me asomaré en esta noche blanca
a la magia que emerge de la luna,
libaré su reflejo duna a duna
y absorberé en mi piel su savia franca.

Y sentiré cómo su hechizo arranca
delirios de esplendor que el alma acuna
y alcanzaré, ¡dichosa la fortuna!,
raptos de amor bajo su luz estanca.

Reverberará la pálida palmera,
sonreirá en dorado desafío,
acogerá feliz la áurea esfera

y bañará de ardor y desvarío
nuestra pasión en clara primavera
de noche, fuego, luna, luz y brío.

# 34. MÚSICA EN LA TARDE

En la estancia callada, recogida,
del piano las notas escapaban,
aludes de emociones desplegaban
en la lánguida tarde adormecida.

Tras un rayo de luz entristecida,
sones suaves la soledad llenaban,
las manos el teclado acariciaban
en la penumbra dorada y abatida.

Bajo acordes de cálidas cadencias
se sublimó el cénit de armonía
y halló el corazón reminiscencias

de otra tarde de dulce melodía.
La música brotó sin estridencias
y anegó el alma de melancolía.

# CANTARES AL USO

# 35. ME VOY POR LA TARDE ARRIBA

Me voy por la tarde arriba
para encontrar en su eco
de nostalgia y agonía
los harapos de mis sueños.

Entre hojas taciturnas
de cipreses y de cedros,
fibras de nubes esquivas
los arrullan en su seno.

Y los sueños sediciosos
huyen por el firmamento
detrás de estrellas fugaces,
cobijo de ámbar y espliego.

Espliego que va regando
de frescor y sentimiento
el ánima vespertina
y las venas del silencio.

Y en los iris del crepúsculo
se desentumece el viento
bajo el refugio argentino
de sus párpados de hielo.

De las cavernas sombrías
de este mayo macilento
brotan chispas encendidas
para avivar tu recuerdo.

El día, ya adormecido,
esparcirá sin aliento
el amor que en otro mayo
nos hizo sus prisioneros.

Me voy por la tarde arriba
a recuperar mis sueños.

# 36. COPLAS DESENFADADAS DE AMOR PROFANO

Por encima de las nubes
un rosal voy a plantar,
con las espinas de plata
y pétalos de coral.

Si quieres, niño, una rosa
de este sublime rosal,
alza tus manos al cielo
en escalas de cristal.

****

Si tu amor fuera un velero
con jarcias de oro fino,
yo sería su marinero,
siempre fiel a mi destino.

****

Si me miras, tú me matas.
Si no me miras, me muero.
Llevas mi vida prendida
de tu mirar bandolero.

****

No sé qué tienen tus ojos
ni su brillante color,
que, cuando se te iluminan,
enojado huye el sol.

****

Te vi pasar por mi puerta,
orgulloso y altanero.
Te seguí con la mirada;
tus ojos no se volvieron.

Cuando los míos cerré
para contener la pena,
los tuyos se me clavaron
como el rayo en la veleta.

****

Dejan tus plácidos pasos
estelas de mar sereno,
gotas de cielo azulado
y aromas de pensamientos.

****

Me dicen que no me quieres,
que quererme fue un error.
Si has errado por quererme,
por quererte erré yo.

# 37. COPLILLAS AL VIENTO

Por las losas de mi acera
la gente al pasar resbala,
pues las lustraron tus pies
con tus continuas pisadas.

Rejas quisiera ponerles
a tu cara y a tu cuerpo
y tupidas celosías
de amor, pasión y de ensueño.

No me asomaré al balcón
ni tampoco a la ventana.
Lavando estaré en el río
mis camisitas de Holanda.

En el río estoy lavando,
en el agua fría y clara,
con jabón de bellas flores
que en la ribera cortara.

Mi corpiño con encajes
se queda solo en agua,
mis ojos huyen veloces
tras tu figura gallarda.

Y ya no lava la niña,
la niña que ya no lava,
porque su vida le roba
el que por la cuesta baja.

Que no vivo sin quererte,
que sin quererte no vivo.
Mi corazón al relente
está siempre sin tu abrigo.

# 38. INSTANTES

Con pesares y alegría,
alegría y pesares,
crepita el alma mía
entre verdes olivares.

Entre olivares verdes,
donde la dulce mañana
tiende sus brazos de alerce
y sus manos de esperanza.

Y sus manos de esperanza
vibran con las margaritas,
que brotan asilvestradas
en las vivaces campiñas.

En las vivaces campiñas
y en campos policromados,
por donde el viento respira
y el día va acariciando.

Y el día va acariciando
antes de su edad finita,
cuando el ocaso cerrado
devore su luz de guía.

Devore su luz de guía
y un manto de hoscas sombras
cubra la tierra bendita
y los sueños de la aurora.

Y los sueños de la aurora
agonizan lentamente,
buscando su nueva orla
en las aristas celestes.

En las aristas celestes,
que hilan el universo
con filamentos de éter
y lienzos de terciopelo.

Y lienzos de terciopelo,
que con mimo arrullarán
mis ilusiones y ensueños
hasta el nuevo alborear.

Con alegría y pesares,
con pesares y alegría,
entre verdes olivares
crepita el alma mía.

# 39. Pasodoble a Carlos Jiménez Blázquez

En la tarde mansa
del dorado abril
el capote grana
se abre al toril.

Al son de las palmas
se crece el torero;
arrojo y bravura
adornan su cuerpo
en traje de nardos
ante el furor negro.

Y en los remolinos
del abaniqueo
de oro y rubí
se levanta el viento;
con caireles rojos
se encienden los ecos
de los oles vivos
y vivos lamentos.

Y sobre la arena,
en el redondel,
el arte y la furia
se ponen de pie.

La música crece
y ensalza el momento:
dos figuras grandes
en desigual duelo
de embrujo y hechizo,
de fatal misterio,
sobre ardiente esfera
en lidia de fuego,
y el ágil capote
dibuja su vuelo.

Oles y más oles
llegan hasta el cielo
y Carlos Jiménez
da un pase de pecho.
Con valor y oficio
y entusiasmo ciego
se yergue en la plaza
el joven maestro.

Y sobre la arena,
en el redondel,
el arte y la furia
se ponen de pie.

# 40. SENTIRES

(A Luque, mi pueblo).

No sé qué tiene mi pueblo,
no sé qué tiene su aura,
que, al contemplar sus rincones,
se remueven mis entrañas.

Cada esquina, cada fuente,
cada calle, cada casa,
cada sierra, cada loma,
cada árbol, cada planta

me desgarran con su hechizo
y me roban con su magia
las hebras de mi querer
y los hilos de mi alma,

con los que tejen cadenas
de oro fino y fina plata,
que me atan para siempre
a sus raíces serranas.

No sé qué tiene mi pueblo,
no sé qué tiene su aura,
que me arrancan estos versos
rebosantes de añoranza.

# 41. Coplas de Angustias la Mejorana

(En homenaje a los poetas de la copla).

Me miraste y te miré
aquella alegre mañana,
cuando tu calle subía
mientras que tú la bajabas
tan airoso y tan señor,
como torero en la plaza,
con ese andar tan gallardo,
que Manolete envidiara,
y dos garzos alamares
adornándote la cara.
Y al punto yo me quedé
de tus encantos prendada,
porque tus mares de añil
inundaron mis pestañas
y las olas de tu risa
en sus crestas me enredaban.

No sé si te saludé
ni si tú me saludaras,
porque mudas se quedaron
las cuerdas de mi garganta.
¡Y a fe que me camelaste
como yo te camelaba!

Tú seguiste tu camino,
yo a mis asuntos me andaba,
pero al volver la cabeza
se clavaron en mi alma
puñales de sentimiento,
puñalitos de hoja ancha,
y de par en par se abrieron
mis carnes a tu mirada.

Desde esa mañana alegre,
mañanita alegre y clara,
yo me pasaba los días
cargadita a tus espaldas
con tus ojitos *prendíos*
en el forro de mi aura.
No hubo brida que me atase
ni freno que me frenara.
Con mis alas puras y libres
a tu costado volaba,
que solo se removían
los volantes de mi falda
con ese aire garboso
de tu figura galana.
Y me solté la melena
y con flores la adornaba
y me puse mi corpiño,
con el que bailo en las zambras,
sobre mi camisa nueva,
en mi cintura anudada;

y mi falda de percal,
esa que luzco en las galas,
con lunares encarnados
y blondas en las enaguas.

Y me lancé como loca
por callejuelas y plazas
a buscar tu gentil cuerpo
para beber de su savia.

Y te busqué en Doña Elvira
y por la plaza de España,
por Sierpes y el Arenal,
por San Francisco y Santa Ana.
Y al ver tu talle de junco
rondando la Maestranza
se me encendió el corazón
cual cirio en Semana Santa.

A mi vera te acercaste,
me dijiste unas palabras
que incendiaron mis mejillas
e iluminaron mi cara:

«¡Quién pudiera ser, morena,
ese corpiñito grana
pa estar *pegao* a tu cuerpo
de la noche a la mañana!».

A tu vera me acerqué,
mis lunas bien remozadas,
y al oído te canté
con voz quedita y quebrada
la copla que me brotó
del fondo de mis entrañas:

«¡Quién pudiera ser, serrano,
de tomillito esa rama
que robaste de la sierra
y prendiste en tu solapa!».

Nos volvimos a mirar,
la candela nos quemaba
y se besaron los ojos
mientras las bocas callaban.

No nos quitaban la vista
las comadres deslenguadas
ni las vecinas chismosas,
que a voz en grito exclamaban:

«¿Qué se trae entre manos
el payo con la gitana?
Mira que ella es mocita
y él, señorito de farras,
que tiene tres churumbeles
y una mujer rubia y alta
con anillito en el dedo
que lo esperan en su casa!».

Y corrió la cantinela
por rincones y ventanas,
por los patios y cancelas,
por rejas engalanadas…
El viento de punta a punta
por Sevilla pregonaba
esta historia de amoríos
al toque de las campanas
del Salvador, Gran Poder,
la Magdalena y Giralda,
Santa Paula, San Bernardo;
todas ellas repicaban,
esparciendo por el río,
por la venta de Eritaña,
por calles y por callejas
la soleá desdichada:

«Tiene duquitas moradas
por un querer y una pena
Angustias la Mejorana».

Y yo, que tengo mi honra
y soy gitana de raza,
de tu vera me aparté
como el aceite del agua.
Que del fuego del querer
intenté apagar las brasas,
poniendo tierra por medio

entre tu estampa y mi estampa,
porque eres hombre casado
y eso yo lo respetaba.
Y supe desde aquel día,
desde esa triste mañana,
que llevaría una cruz
de clavos y agudas facas
colgandito de mi cuello
como pesada medalla,
como cilicio de fraile
de penitencia purgada.

Mas te juro por la Virgen,
la Virgen de la Esperanza,
esa madre primorosa
que es la reina de Triana,
que en las vías de mis venas
y en los centros de mi alma
tu sangre paya será
siempre allí la soberana,
porque es gitana cabal
Angustias la Mejorana.

# 42. ROMANCE DEL ABANDONO

¿Qué me queda si te vas?
¿Qué te queda si te alejas?

Si de tu cuerpo me exilias
y de tu alma me destierras
levantando concertinas
con mil volutas argénteas,
abriendo con la distancia
fosos de agua purulenta,
tapiando con argamasa
de silencio y de sentencia
las ventanas de tu casa,
de tu corazón las puertas,
¿qué me dejas si te marchas?
¿Qué te dejo si te ausentas?

Que el amor se va volando
como vuelan las pavesas
hacia témpanos remotos,
lejos de la roja hoguera
donde el fuego encadenaba
tu presencia y mi presencia,
a la pira de la nieve
y allí morirá el poema
que el destino enamorado
fuera hilando, letra a letra,

con tu corazón y el mío
en latidos de magenta.

***

Por eso, si tú te vas,
llévate en tu vida a cuestas
mi alma hecha cenizas
para enterrarla en la brecha
de olvidos y de desdenes
que tu orgullo sin fronteras
cavó, con diente oxidado
de desespero y tristeza,
en una grieta profunda
entre tu tierra y mi tierra,
donde quedaron hundidas
las ilusiones primeras.

***

¡Vete! No mires atrás.
¡Vete! Sigue tu carrera.
Busca tu alegría fatua
allá donde la tuvieras
y olvida que nos quisimos
un día de primavera
bajo limones dorados,
entre suspiros y quejas,
con promesas que murieron
al pie de las madreselvas.

¿Qué te queda si te vas?
¿Qué me queda si te alejas?

# 43. SUSPIROS DE AMOR, SUSPIROS

En la coma que me como,
en la admiración que olvido,
en el punto que no pongo
cuando el usarlo es designio,

en los signos interrogantes,
los que omito al principio
y los que al final se pierden
porque el dedo no iba fino,

todos cuelgan de sus trazos,
recargados o sencillos,
exhalaciones veladas
de mi centro enardecido,

en cuya llama se enlaza
tu corazón con el mío,
pira de ardor que desprende
suspiros de amor, suspiros.

Amor de cilantro fresco,
de menta y de malvavisco,
de albahaca y yerbabuena
y de carmesíes mirtos,

que no lo enterró el otoño
bajo sus hojas perdido
ni lo apagó el crudo invierno
con sus vientos bruscos y fríos

ni lo secó alegre el sol
aquel mayo florecido
que, dorado y transparente,
lanzaba al aire quejidos

ni lo consumió el verano
con su voraz desatino.
Amor que lleva en su aroma,
grabados con buril fino,

suspiros que van volando
y atracan en tu camino,
llenando tus aledaños
de fulgores encendidos.

En las comas que me como
y en los signos que me olvido,
con alfileres de nubes
van prendidos mis suspiros.

# 44. PINCELADAS

Dulces mis sueños,
suaves las olas,
mansa la brisa
que mi piel roza.

Hilos de sol
la arena doran
y en las alturas
el cénit orlan.

Radiante playa,
que el agua moja
con melodías
tersas, mimosas.

Y por el aire,
ágil y airosa,
batiendo alas,
una gaviota.

De blanco nácar,
como la aurora,
pinta lunares
de blancas borlas.

Sereno el mar
sobre su colcha,
mece veleros
de costa a costa.

Tras de sus pasos
mi ilusión boga
en las espumas
de luz y sombra.

Y en tiernas jarcias,
mudas y blondas,
cuelga mi alma
de luna roja.

Dulces mis sueños,
suaves las olas,
mansa la brisa.
¡Cómo me arroban!

# 45. SUEÑOS

Por el corazón del río
van mis sueños navegando
en pátinas cristalinas,
sobre su nácar posados.

Sueños hambrientos que llegan
al arenal de tus brazos
y allí despliegan sus alas,
meciéndose desbocados.

¡Quién fuera sueño de fuego
para bogar sin descanso
por los volantes del cielo
hasta tu ardiente regazo!

## 46. Coplillas de María la Canastera

Con la savia de tu cuerpo
voy a llenar una alberca
para que sus suaves aguas
mi piel recubran de seda.

De seda fina y brillante
como mano de princesa
y ocupar tu corazón
como si fuese su reina.

Y como reina, en tu trono
colocaré una bandera
pintada de azul y rojo,
de pasión y de pureza.

De pureza inmaculada,
de virginales cosechas,
con espigas que saluden
el querer de primavera.

Porque tu querer y el mío
andan por la misma acera
desde aquella noche clara
alfombradita de estrellas.

Estrellas fueron tus ojos,
candentes como centellas,
que marcaron poco a poco
con fuego mis entretelas.

Ese fuego que se escapa
de tu mirada agarena,
que encarcelada me tiene
en una cárcel sin rejas.

Cárcel que es un imán,
que me atrae y que me lleva
a las fibras de tu alma
para sentirte muy cerca.

Muy cerca estaré de ti,
arrebujada a tu vera,
mientras ilumine tu luz
las esquinas de mis venas.

Que son mis venas el río
donde nuestro amor navega
en barquita de cristal
con sus cristalinas velas.

# 47. MIRA

Mira cómo se estremece
mi cuerpo cuando te veo.
Por los poros de la piel
se me derraman los centros
como cascadas de estrellas
y encienden mi servil pecho.

Mira mis ojos de sol
cómo destilan el fuego
que prende cuando los tuyos,
dos pedacitos de cielo,
se clavan como cuchillos
y me desgarran por dentro.

Mira mi boca callada,
amapola de tus sueños,
cómo sin hablar te habla
y te desvela el secreto
que las palabras no pueden
y que sí pueden los besos.

Mira mis manos de armiño
cómo expresan sin quererlo
el deseo que despiertan
tus pasos por el sendero,
madrigales armoniosos
que encumbran los sentimientos.

Mira cómo reverbera
en mis oídos el eco
de tu enamorada voz,
que me roba hasta el aliento
cuando te acercas a mí
y me susurras requiebros.

¡Mira cómo me deshago
cuando me dices: «Te quiero»!

# 48. ROMANCE DE LA NIÑA MORENA

¡Ay, cómo sueña la niña,
la hermosa niña morena!

En su delicado dorso
lucir quiere alas de seda,
de suave seda de China,
de tersa seda de Persia
o de terciopelo liso,
del que usan las princesas
en regios y lindos trajes
y en sus tocados de perlas.
De seda quiere las alas
y no de dorada cera,
que así el candente Helios
sus sueños no derritiera
cuando volara muy alto,
rozando la áurea esfera.
No quiere ser el loco Ícaro,
aquel que en el mar se hundiera
con sus ilusiones rotas,
nadando con las sirenas.
No quiere encerrar sus sueños
en la morada siniestra
del airado Poseidón,
aquel que en el Ponto reina.
Que quiere surcar los mares

y elevar sobre la tierra
su tierno cuerpo de éter
y su carita morena.
Ser mariposa y volar
sobre valles y laderas,
sobre montes y montañas,
muy cerca de las estrellas.
Ser calandria y descansar
sobre las ramas espesas
del frondoso alcornocal
y de la altiva palmera,
sobre los blancos celindos
y las rojas azaleas.
Deleitarse en el paisaje,
posarse en otras riberas,
gozar de la melodía
del agua que corre fresca,
del agua que corre pura
entre la verde floresta.

**************

Voló la niña, voló,
voló la niña morena.
Entre las nubes vibró,
se embriagó de mil quimeras,
mas se olvidó de mirar
lo que a su lado estuviera.
Y aquellos dos ojos negros,

testigos de su odisea,
los perdió en su terco afán
de ir abriendo fronteras.
Y a la tierra regresó
con sus alas muy enteras
y el corazón destrozado
la hermosa niña morena.

¡Ay, cómo pena la niña!
¡La niña, ay, cómo pena!

# 49. Coplillas de Candela la Bailaora

Candela la de Triana,
gitana de gran realce,
con sus quince primaveras
es la sultana del baile.

Te baila por seguiriyas,
alegrías, soleares,
martinetes, fandanguillos,
peteneras y verdiales;

sevillanas y zorongos
mueven sus pies con donaire,
sin palos que se resistan
al embrujo de su talle.

Sus manos de turmalina,
racimos de luna y arce,
dibujan en el vacío
lo que sus centros le manden.

Sus ojos de reina mora,
pozos de negro azabache,
chispas de pasión destilan
cuando las palmas le baten.

Y se quiebra su cintura,
como si fuera de alambre,
al rasgueo de la guitarra
y a los *quejíos* del cante.

Con ese armazón de fuego
de su estampa fascinante
va derramando en silencio
rubís, zafiros, granates.

Cuando agita su mantón
y su traje de volantes,
de filtiré va bordando
las esquinitas del aire.

Fantasía de bordones
de los cantes de levante
izan su cuerpo de ébano
enmarcadito en corales.

De mariposas la magia
surca todos los lugares
y rinde los corazones
al hechizo de su arte.

Que tiene duende esta niña,
—se pregona por las calles—,
que a los mozos enamora
y da envidia a las comadres.

No hay figura más galana
que en el tablao se alce,
tejiendo con sus tacones
mil filigranas de encaje.

Candela la Bailaora,
de Triana el estandarte,
con sus quince primaveras
es la sultana del baile.

# 50. COPLILLAS DE AUSENCIA

Ni veo risa en tus ojos
ni carcajeo en tus manos
ni palabras que acaricien
de mi corazón sus cantos.

Ni te paras a escuchar
la voz que estoy escuchando
ni detienes tu mirada
en la luz que estoy mirando.

Ni te veo desear
los vuelos de mi arrebato
ni lo que esconde mi pecho
de sueños y desengaños.

Que todo fue fantasía,
todo comedia y teatro,
porque fingías quererme
con besos de cristal falso.

Las heridas que dejó
tu deserción de mi lado
se han cerrado para siempre,
con olvido se han sellado.

Que hace tiempo que te fuiste
sin aún haber llegado.

# 51. ROMANCE DE LA NINFA ENAMORADA

El sol moría en silencio,
la noche se avecinaba
y entre los ríos de sombras
la ninfa busca, buscaba.

A su pastor requería,
ese que la enamorara,
para ver sus ojos grises,
los que le robaran su alma.
Mas vislumbrar no podía
su figura tan gallarda.

Buscaba en los verdes prados
y en las campiñas lejanas.
Buscaba en los apriscos
y en las extensas llanadas.
Buscó con gesto afligido
por los bosques y vaguadas,
con los cabellos al viento
y perdida la mirada.

Preguntó a las avecicas
y ninguna contestara;
al arroyo preguntó
y ni las aguas sonaban.
Suplicante, a las estrellas,

que el cielo ya tapizaban,
lanzó sus dolidos ojos
sin respuesta a su llamada
y de su boca afligida
brotaron estas palabras:

«¿Dónde está mi pastorcico,
aquel que en las noches claras
contemplaba el firmamento
del monte en las majadas,
aquel que raudo corría
por la vega y la montaña,
exhalando los aromas
de romero y mejorana,
aquel que en sus bellos ojos
tantos misterios guardaba,
cual enigmas de la esfinge,
que ni Edipo adivinara.
El que soñaba despierto
al son de la su dulzaina,
el que en la mullida hierba
su cuerpo se retozara,
el que en las noches de mayo,
en noches de luna clara,
de amor sus bellos cantares
hasta al cielo emocionaban?».

Y ninguna creatura
diera respuesta acertada,

sino fuera el manso viento
con palabras susurradas,
que, cual dardos afilados,
su corazón traspasaban:

«El pastorcico garrido,
el pastor a quien amaba,
partiose hacia otras tierras,
donde el ganado llevara.
Nunca más franquearía
su rebaño esa cañada».

Y si un abismo existiera,
ese abismo la tragara.
¡No hubo sima más profunda
en donde hundir su esperanza!

El pastor había partido
y nunca ya regresara.
La ninfa murió de pena
mientras la noche llegaba.

# 52. ROMANCE DEL DESCONSUELO

Bajan caudalosos ríos,
dibujando la ladera,
y arrastran en su regazo
azahares y azucenas,
que colman con sus aromas
y llenan con sus esencias
de virginal candidez
las orillas ribereñas.

Con su pureza de antaño
y renovada inocencia,
se enaltece el verde valle,
se encumbra en su belleza.

La niña lo está mirando,
va la niña y lo contempla
y su corazón sombrío
a solas llora su pena.

Con el caudal de sus ojos
y con su alud de tristeza
las amapolas que brotan
se ajan y amarillean.

Desaparece la luz
y muere la primavera.

El sol, que quiere inundar
de alegría aquella tierra,
seca con paños de oro
de sus mejillas las perlas.

La niña lo está mirando,
pero sus ojos se velan
y su corazón sombrío
a solas llora su pena.

# 53. ROMANCE DE CHULERÍA

¡Ay, chulo, chulo, chulesco,
chulo de la chulería,
el día en que tú naciste
ya nadie más nacería!
Hombres así tan bragados
solo uno y en mil días.
La luna ni se asomaba,
el sol no resplandecía,
bien escondidos estaban
temiendo tus *borderías*.
Ese día tan fatal
en que viniste a la vida
se apagaron los faroles,
los candiles ya no ardían,
la naturaleza toda
en suspenso quedaría,
porque nadie como tú,
nadie con tu valentía
habitaba en esta tierra,
destacaba en osadía.
Y Tenorio te llamaron
Tirso y José de Zorrilla,
contando tus aventuras
de casanova pamplinas.
De palabra muy audaz,
con incautas palomitas

te lanzas casi a destajo,
en ello te va la vida,
para dejarlas después
tiradas por las esquinas.
¿Qué intentas tú demostrar?
¿Qué mostrar tú pretendías?
¿Que nadie dude jamás,
que nadie en duda pondría
tu ingente virilidad
y tu atávica hombría?
Pues lo hizo Marañón,
el prócer novecentista,
el que nos contó la historia
de Enrique, rey de Castilla.
Este médico erudito,
este insigne ensayista
la máscara le quitó
a nuestro mayor machista,
machote de poca monta,
seductor de pacotilla,
galanteador pendenciero,
bravucón, perdonavidas,
portador de mil medallas
por las presas conseguidas.
Este ancestral seductor,
aqueste gran camorrista,
llegado el crucial momento,
cuando a la lid se avenía,
nada daba y entregaba,

todo él lo recibía.
Había tirado la torre,
la torre y la alcaicería.
Con eso ya le bastaba:
¡el galardón lo tenía!
¿Dónde está, dime, el placer
de aqueste macho *hispanita?*
¿En practicar con denuedo
su inherente misoginia?
A mí se me ocurre entonces
(y lo digo de esta guisa)
que esa forma desbordada
de conquistar señoritas,
adolescentes, señoras
y hasta cándidas novicias,
con tretas intencionadas
y con dolosa malicia,
propia de gusanos es,
gusanos de piel muy fina,
que se acaban convirtiendo,
que se tornan enseguida
en una gran mariposa,
una mariposa linda,
muy vistosa y adornada
con «pluma» en las alitas.

# 54. ROMANCE DEL MARINE DES/ARMADO-DES/ALMADO

(Este romance «circunstancial» desarrolla de forma humorística la historia de John y Lorena Bobbit, quien le cercenó el pene al marido un día del mes de junio de 1993 para vengar sus continuas infidelidades y el maltrato al que la sometía).

Un día, de amanecida,
cuando el alba despuntaba,
el marine americano
se levantó de su cama.

¡Qué lejos estaba él
de lo que urdía la hispana!

Se dirigió al *water-clos*
y afeitose la su barba,
la su cara embadurnó
con la loción regalada,
echose mucha colonia
para su amigo del alma
y su pijama cambió
por lujosa americana.
Presto a la cocina fue
y a su esposa *malamada*
exigió con malos modos
el café y las tostadas.

Esta, con dos moratones
causados de madrugada,
negose a se los servir,
que no le daba la gana.
El iracundo marine,
de cabeza trastornada,
con cadena de su can
le zurró bien la badana.
Lorena ya no gemía,
ni una lágrima soltara,
pero muda y taciturna
en sus adentros rumiaba:

«Me considera basura,
me fuerza y me maltrata
y con aquel de Virginia
me pone muy altas astas.
Una mujer como yo,
de raza tan esforzada,
no puede ser consentida
ni tampoco apaleada.
Esta noche cuando duerma,
después de tanta jarana,
con el cuchillo de carne
voy a quedar bien vengada».

¡Qué lejos estaba él
de lo que urdía la hispana!

Y el *penicidio* gestó
esta mujer tan burlada,
dejando al ruin soldado
sin arma pa la batalla.

Mas no pudo imaginar,
Lorena no imaginaba
que este tan sórdido hecho
a su marido encumbraba,
pues desde aquel triste día
prensa y cadenas privadas
sacan a John en la tele
y en las sus primeras páginas.
¡Buen dinerito recibe
el castrado de Alabama!

Solo tuvo una virtud
para conseguir tal fama,
ser un vil maltratador
y una persona tirada.
Y para colmo recibe
de otras damas varias cartas.
¡Menudo es el masoquismo
de la dueña americana!

# 55. RIGOBERTO Y MI ESTRO

Va y me dice Rigoberto
que tiempo ha que ha notado
que ya no le doy al verso
ni aporreo el teclado.
Paréscele que mi estro,
asaz presto y muy cuitado,
huye de mí cual del fuego
se aparta el tigre asustado.
A paso violento huye
hacia otros fértiles llanos
cual si de la boca mía
salieran ranas y sapos
o aroma de pesticida,
de cebollas y de ajos.
Que le sorprende que ahora,
que el sol brilla en lo más alto
y de luz inunda el día
con los sus dorados rayos,
no halle flor inspiradora
ni besos de enamorados
para llevar al papel
con arte y bien rimado.
Pues explicarse no puede,
que no le queda explicado.
De las aves que recorren
los cielos tan azulados

no haya trino que despierte
en mí el más bello canto,
ni odas ni redondillas
ni metros asonantados.
Ni siquiera una cuarteta
o un enteco pareado.
Estupefacto se muestra
si el firmamento estrellado
no me arranca de mis cuerdas
un arpegio trasnochado
al son de la luna llena
y los maullidos de un gato.

Oigo, miro, callo, escucho
a Rigoberto enfadado
por mi sequedad poética,
más que un toro disecado.
Gesticula, se aspavienta,
muéstrase malhumorado
y sus ojos muy redondos,
en cristales enfundados,
los clava con fiera rabia
en los míos apenados.
Por un momento se calla
y espera mi argumentario.
Me levanto a duras penas.
¡Me ha dejado destrozado!
Hacia un paquete de *kleenex*
me dirijo acongojado.

Intento ponerme erguido,
mas sigo aún encorvado,
y, armándome de valor,
cojo de la tele el mando,
y, tremolante mi dedo,
pulsa el botón de la Cuatro.
Paso a la Uno, a la Cinco,
a la Sexta y Veinticuatro,
pongo la «Interconomía»,
Canal Sur y Canal Radio…
Se limpia sus sucias lentes
y atiende a los tertulianos;
ve las noticias del mundo
y las de acá, de este lado.
Los dos nos vemos completos
debates y telediarios.
Acabado el recorrido
por los sucesos malsanos,
de los sus ojos acuosos
dos lagrimones colgando.
Me mira muy dolorido,
lastimado y quebrantado
y yo, con gesto harto humilde,
pero ya más confiado,
solo le digo bajito
sin griterío ni llanto:

«¿Comprendes, pues, Rigoberto,
de mi escritura el secano?

Que el panorama no está
para fermosos dictados,
pues ni el mismísimo Lope,
el de los ingenios amo,
ante aquesta coyuntura
de esperpento y de espanto,
ya ni su propio apellido
plasmar pudiera su mano.
Que ya lo han visto tus ojos:
¡hete aquí mi corolario!».

# Índice


PRESENTACIÓN .......................................................... 11

SONETOS

1. Soneto a destiempo ........................................... 23
2. Si me buscas .................................................... 24
3. Iba el amor ...................................................... 25
4. Nostalgia ........................................................ 26
5. Del desencanto ................................................ 27
6. Vive a tope ..................................................... 28
7. Despedida a Antonio Muñoz Ruiz-Canela ............. 29
8. Garcilaso en un soneto ...................................... 30
9. Al Tajo del Algarrobo ........................................ 31
10. A la Peña de los Enamorados ............................. 32
11. Elegía en el recuerdo ....................................... 33
12. Reflejos ......................................................... 34
13. Profanación .................................................... 35
14. Vana ilusión ................................................... 36
15. A Clara Campoamor ......................................... 37
16. La casa .......................................................... 38
17. Besos robados ................................................. 39
18. *In memoriam* ................................................ 40
19. Al Cristo de la Expiración y del Silencio de Luque ...... 41
20. Déjame esta voz .............................................. 42

21. El beso que no te di .................................................... 43

22. Naufragio................................................................. 44

23. Llegó la muerte ......................................................... 45

24. Cayó la noche ........................................................... 46

25. Desde la soledad ....................................................... 47

26. Tristes adioses .......................................................... 48

27. Una noche de olvidos ................................................. 49

28. Dulce mañana .......................................................... 50

29. Anhelo .................................................................... 51

30. Apagaré la luz para siempre ........................................ 52

31. Azul ....................................................................... 53

32. Recuerdos ............................................................... 54

33. Noche de luna .......................................................... 55

34. Música en la tarde ..................................................... 56


## CANTARES AL USO


35. Me voy por la tarde arriba ........................................... 59

36. Coplas desenfadadas de amor profano ........................... 61

37. Coplillas al viento...................................................... 63

38. Instantes ................................................................. 65

39. Pasodoble a Carlos Jiménez Blázquez............................ 67

40. Sentires .................................................................. 69

41. Coplas de Angustias la Mejorana .................................. 70

42. Romance del abandono................................................ 76

43. Suspiros de amor, suspiros ........................................... 79

44. Pinceladas............................................................... 81

45. Sueños ................................................................... 83

46. Coplillas de María la Canastera ................................... 84

47. Mira ........................................................................ 86

48. Romance de la niña morena ..................................... 88

49. Coplillas de Candela la Bailaora ............................... 91

50. Coplillas de ausencia ............................................... 94

51. Romance de la ninfa enamorada ............................... 95

52. Romance del desconsuelo ........................................ 98

53. Romance de chulería ............................................. 100

54. Romance del marine des/armado–des/almado ........... 103

55. Rigoberto y mi estro ............................................. 106

**Milagros Jiménez Hidalgo** (Luque, Córdoba), antequerana de adopción, posee una sólida formación académica y literaria (licenciada en Filología Románica por la Universidad de Granada) y una larga experiencia docente en Educación Secundaria. Conoce, por tanto, a los autores clásicos y modernos y los recursos técnicos y literarios que sustentan sus creaciones. Ha promovido y dirigido la revista *Licántropo*, en la que ha publicado artículos y poemas, ha formado parte del volumen colectivo *Cartas ejemplares* (2009) y en 2013 vio la luz su primer libro de poemas y relatos, *Luque: reflejos del ayer*, que tuvo una magnífica recepción. Ha publicado también, en 2018, el poemario *Sendas de luz y de sombra* y ha colaborado en el libro *50 años del IES Camilo José Cela de Campillos*. Pero, además, ha calado en la médula de la copla andaluza y, desde su blog *Entretenerse por el camino*, ha ido dejándonos, como el que no quiere, sus sonetos, romances y demás poemas y, en ellos, sus sensaciones de los acontecimientos que le han dejado huella en su vida y en su modo de ver y concebir el mundo.